JN411254

모과나무가 있는 풍경

세종마루시선 013

모과나무가 있는 풍경

2023년 4월 15일 초판 1쇄 발행

지은이 이선순
펴낸이 윤영진
기획 이은봉 김백겸 김영호 최광 성배순
홍보 한천규
펴낸곳 도서출판 심지
등록 제 2003-000014호
주소 34570 대전광역시 동구 대전천북로 12
전화 042 635 9942
팩스 042 635 9941
전자우편 simji42@hanmail.net

ISBN 978-89-6627-236-5 03810

세종마루시선
013

모과나무가 있는 풍경

이선순 시집

시인의 말

어느 해 봄날이었나 꽃잎 가득한 공원에 앉아
한 편의 시를 쓰고 싶었다

봄기운 살며시 나를 감싸고 있을 때
잊었던 기억들 하나하나 시로 엮고 싶었다

평범한 일상 속에서 얻은 삶의 시어들,
봄날에 피어나는 홍매화 향처럼
은은하게 피어 있으면 좋겠다

2023년 봄날
이선순

차례

제2부 봉숭아꽃

제3부 석모도

제4부 어느 해 봄날

제1부
붉은 단풍 꽃잎

들꽃

이름이 없는 데도 저 홀로 피는 들꽃
바람이 일 때마다 가지 끝 흔들리네
날개를 펴고 공원 주변 덮어주네

돌담 가에 피어 고개 살짝 내밀면
수줍은 가슴속 진한 향 공원에 퍼지네
늦가을 무서리 내리면 스러시고 말 저 들꽃

첫눈

겨울밤 싸라기 같은 첫눈이 흩날린다
창밖의 가로등 불빛은 하얗게 쌓인 눈을 비추는데
이리저리 뒤척이며 쉽게 잠들지 못한다

누구를 기다리지 않는 데도
겨울밤을 흐르는 시간이 작은 여백을 만든다

여백은 멍하니 불러보는 사람일는지도 모른다
하얀 눈이 내릴 때면 귓가에 빈 하늘만이 맴돈다

천일홍

꽃잎 가지에 가을비 방울방울 젖는다
어쩌면 너의 모습 이처럼 사랑스러울까

형형색색 너울너울 흔들리는 몸짓
고운 손길로 만져보는 향기

너의 조화로움 눈에 담아 새겨놓는다
어쩌면 빛나는 눈동자 저처럼 어여쁠까

오늘은 너무 바빠 발걸음 돌리지만
우리 가을이 길목에서 다시 또 만나겠지

붉은 단풍 꽃잎

갈바람 능선 길에
낯익은 얼굴이 보이네

저 산허리춤에
불씨 하나 지펴 놓고
훨훨 타오르고 있네

갈잎 줄기 타고 뿌리까지
달아오르는 붉은 꽃잎

한고비 지나자
그 꽃잎 다 떨구고
줄기만 남아 있네

김장

양파 망 안에는 배추들 가득하다
한참을 쳐다보다가 배추들 밑동 잘라낸다

소금물 목욕시키니
옹기종기 잘도 논다

해마다 어김없이 찾아오는 김장철
쭈그려 앉아 아들 며느리 생각한다

얼굴에 핀 환한 웃음꽃들
온갖 피곤 씻겨준다

간이역

기적소리 들으며
하루에도 수많은 사람들
들락날락하던 간이역

수많은 역사가 묻어나고
추억의 장소이기도 하던 곳

한바탕 계절이 지나가고
지울 수 없는 시간들
가득가득 쌓이던 곳

오랜 기다림의 끝에
한 사람의 눈물
저 혼자 글썽이기도 하던 곳

눈알이 붉어지도록
기차가 머물던 자리

빈 의자에 웅크리고 앉아

꿈꾸던 그리움의 뒤안길

낙화

자작자작 꽃동산에 꽃비가 내리면
알록달록 양탄자를 깔아 놓는다

화려했던 그대 멀리 떠나고 싶은가
눈물 보이지 않으려고
옷소매로 슬쩍슬쩍 닦아낸다

떨어진 꽃잎들 정든 가지 떠나
아쉬운 미련 남기지만
그래도 진주 같은 열매들 만들어주는 걸

비 오는 날

슬픔처럼 비가 쏟아지는 날
지나온 길 돌아보며
길가의 촉촉이 젖은 꽃잎들 바라본다
메마른 내 마음도
어느새 비에 젖는다
구부러진 이 골목길
누군가 내 곁을 지나간다
그 사람 구부러진 아픔도 비에 젖는다
미소 지으며 인사를 건넨다
비는 그 사람 아픔도 보듬어 주겠지
오랜 슬픔도 씻어 주겠지

메밀꽃

봉평 산허리에 애잔하게 핀 메밀꽃들
꽃 대궁마다 향기가 주렁주렁 열린다

달빛에 빛나는 올망졸망 새하얀 풍경들
부드러운 융단 펼쳐 놓은 것만 같다

다정하게 손잡고 꽃밭을 거닐던 연인
핑크빛 사랑 버무려 무수한 말들 만든다

봉평 하늘 밑 메밀가지 위 새뽀얀 꽃들
구름도 사뿐사뿐 환한 꽃길 위 걷는다

희망의 노래

사랑이 연둣빛으로 물드는
초봄이다
통발 몇 개 짊어지고
먼 시냇가로 새우 잡으러 가자
대나무 숲길은 꿈꾸던 길목
진달래 꽃망울도
뾰족이 고개를 내민다
수줍은 개나리도 얼굴을 내밀며
서로 사랑하며 살라고
흔들리지 않으며 살라고
통발 몇 개 내던진 시냇가
둑길에는 동그랗게 수선화가 핀다
지난밤 울먹일 때
우주에서 별똥들이 내려와
따뜻한 온기로 손잡아 주었지
그렇지 여기 시냇가로
그대여 새우 잡으러 가자

꽃물 든 길

한들한들 산철쭉 춤추는 꽃길
연분홍 꽃잎들
햇살에 자지러지네

하늘이 씨앗을 뿌려 놓았나
저 붉은 꽃송이

길섶마다
꽃불 터지는 소리

꽃잎들 두 눈에 담아오고
초록나무 두 가슴에 품어오네

길가의 춤추는 꽃들
제 그림자 속으로
서서히, 서서히 숨고 있는데

가을의 열정

붉은 내 마음 뜨겁게 적셔 놓고
고운 단풍잎 영글영글 피어 올린다

혼자서 남몰래 키워온 불씨
메아리 부르며 단풍잎 더욱 붉게 익힌다

순백의 이빨 두툼한 입술로 덮으며
단풍잎 내 앞에 서 있었던 적 있다

그것들 하늘 위로 부서져 내리면
거기, 아픔들 익어가는 소리 들리는데

장독대

베란다 한곳에 자리잡은 장독대
어머니의 손때가 묻은 저것들
지금은 소금만 가득 들어 있네

간장, 된장, 고추장 가득 담아
내 오랜 식욕 키워 주던 장독대

어머니로 기억되며 남아 있는
쉼 없이 흔들리는 고향 집 장독대
저것들, 어머니 마음 정말 알까

동백

매서운 꽃바람 잔설 속에서도
귀를 쫑긋 세우는 동백 꽃망울

고운 빛 보여주지 않으려고
잎사귀 사이로 얼굴 감춘다

봄비 주룩주룩 내리더니
톡톡, 터트리는 저 꽃잎, 꽃잎

한 세상을 사는 동안
아무런 그리움도, 미련도 없다

선홍빛 한숨 헉헉, 몰아쉬다가
순간 떨어져 내리는 저 모가지

양손의 검붉은 주먹이나
불끈, 쥐어보는 수밖에

숲속에서

자작나무들이 밀려와
빽빽이 숲을 이룬 곳
그곳에는 무수한 사연이 묻혀 있다
놀라운 밀어가 쌓여 있다
안개가 가로막아
길 내어주지 않는 곳,
산길 중턱에 올라
내 가슴속 세속 덩어리들 바라본다
이 불결한 것들, 풀과 나무로
다 털어버려야지
다 씻어버려야지
자꾸 나는 숲속으로 들어간다
숲은 사랑의 터전
하늘을 감싸고, 땅을 덮으며
나를 치유해 주는 은밀한 곳

가시밭길

살갗을 깊숙이 파고드는
모래사막 같은 무더위 속

뒤를 돌아보다가 그만 길을 잃었다
여기서 어디로 가야 하나

사방이 꽉꽉 막혀 있는데……

4차선 도로 위로 낙타는
터벅터벅 짐을 싣고 걷고 있었다

길 잃은 아이처럼 나는
아스팔트 길을 걷고 있었다

제2부
봉숭아꽃

민들레꽃

누가 불러주지 않아도
올봄에도 어김없이 피어나는
저것들, 저 작은 꽃들

풀씨로 날아와 길 구석진 자리
철버덕 앉아 꽃 피고 있네

작은 꽃잎들 바람 불 때마다
노랑, 하양 꽃잎들 일렁이네

언젠가 어느 누구에게나
한 번쯤은 찾아올 사랑
꽃바람에 하늘도 노랗게 피네

벚꽃

화사한 봄 햇살을 따라
하얗게 피어나는 꽃잎

손녀의 얼굴처럼, 입처럼
여기저기 까르르 웃고 있네

벚꽃 잎들이 웃는 소리
온 세상에 터져 나오네

꽃잎에 걸터앉은 벌, 나비
소곤대며 꽃망울 물어뜯네

봄, 꽃

봄 햇살 따스하게 쏟아지는 날
뒤뜰에 연둣빛 무더기로 피는
하얀 냉이꽃

해마다 어김없이 제 몫을 다하네
향긋한 향기로 뒤뜰 가득 덮으며
봄 마중 나오네

봄비가 자작자작 내리는 날
빗소리 따라 앞뜰의 냉이꽃
아우성을 치네

누군가에게 몸뚱어리 다 내어주고
스르륵 제 생을 마감하는
저 생명의 꽃잎들이라니

봉숭아꽃

어느새 가을이 풀숲으로 들어와
조용히 앉아 있다 올여름
뜨겁게 타오르던 태양에
울먹이며 대궁을 키우던
저 키 작은 봉숭아꽃
잎사귀들 속에 제 모습 숨기고 있다
물어보고 달래 보아도
꽃이 있는 곳 알려주지 않는다
푸른 독기 품고 있는 잎사귀들
내 손톱에 봉숭아 꽃물
들이지 못하게 한다

계절이 저만큼 지나가고 있다
바람은 봉숭아꽃과
말도 섞지 않는데
나는 봉숭아꽃 주변을
천천히 서성거리고 있다
투명한 하늘빛
내 얼굴에 가을빛 불러오면

빨갛게 피던 봉숭아꽃
저도 수줍음에 떨며 자지러진다

겨울밤에

독백에 지쳐 어둠은 내려앉는데
빈 허공이 내 귓가를
어지럽게 스쳐가고 있다

시간이 멈춘 듯 외로운 선율
가슴에 파묻혀오는데
바람 소리 창문을 두드린다

창문 흔들리는 소리에
자꾸만 깜박거리는 등불
나를 붙잡고 놓아 주지 않는다

모과나무가 있는 풍경

검붉은 이파리들 다 떨구고
모과나무 줄기마다
주렁주렁 매달려 있는 모과 알들
샛노란 등불 밝히고 있다
불빛 반짝이며
저 샛노란 모과 알들
지금 무엇을 향해
모과나무 줄기를 떠나고 있는 걸까
겨울 향해 떠나는 저 모과 알들
제 몸의 샛노란 등불 들고
검붉은 이파리들
찾아가고 있는 걸까
저도 차츰 흙이 되어가고 있는 걸까
되묻는 마음이 아리다

노을

해질 무렵 인천대교에서 바라보는 노을
잿빛으로 물들어 가는 봄 저녁이다

항구 저쪽으로 떨어지는 해가
한순간 빨간 농구공처럼 휘돈다

어느새 둥근 달 떠올라 어둠을 비추는데
밤하늘의 별빛들 바다 위로 쏟아져 내린다

유년시절 시장에 가신 어머니
혼자서 기다릴 때에도 시나브로 해가 졌지

봄밤 나뭇가지에 걸려 있는 보름달
어린아이 얼굴처럼 화사하게 웃는다

불빛 화려하게 켜지는 도시의 빌딩 숲에도
봄은 그리움을 몰고 온다

해바라기

땅에 떨어진 씨앗 하나
작은 싹으로 점점 자라
어느새 태양의 얼굴 닮아가네
온몸으로 붉게 타올라
햇살 더욱 받아 가네
하늘의 별들 내려와
동그란 얼굴 노랗게 만들어주네
한 생애 행복했느냐며
수 만개의 씨방 만들어주네
씨방들 하나하나 총총 눈부시네
가득한 우주의 빛
반짝반짝 별들 노래하네
하늘도 황금빛으로 물드네
고개를 숙이고 있는 수만 개 씨방들
늦여름 하루하루 다 끌어 안네
환하게 웃으며 감싸 안네

국화꽃 향기

작은 화분 속의 국화꽃 송이들
자꾸 춤사위 흔든다

노란 나비들
국화꽃 송이들 주변 옹기종기 둘러앉아
거듭 악기의 향연 펼친다

노란 국화꽃 송이의 꽃잎들
아기 얼굴처럼
웃음꽃 가득 피운다

그대 그리운 얼굴
국화꽃 같은 얼굴

창가에 걸어 두니
내 마음 국화꽃 향기 가득 벤다

꽃 편지

희미하게 보이지 않은 필름처럼
속마음, 언제나 침묵으로만 떠돈다

자꾸만 변명 같은 이유를 만들어
입안 가득 푸른 바다의 물결만 토한다

연분홍 꽃잎, 부치지 못한 꽃 편지
못다 한 언어만 길게 길게 늘인다

전철역 근처 마을버스 정류장에서
우연히 만나 잠시 동행한 그대와 나

흔들리는 마음도, 절절한 그리움도
제대로 나누지 못한다 시간만 보낸다

할미꽃

찬바람 뒹구는 산언덕
봄바람에 쌓인 눈 녹는다

푸른 잔디 사이로
고개를 내밀던 거친 손

첫 새벽에 일어나
지난 세월을 말한다

부지런한 할머니의 손
서둘러 피는 할미꽃

봄바람 부는 산언덕
할미꽃 한 송이

자꾸만 파고든다 내 가슴
오늘도 시리고 아리다

봄이 오는 소리

입춘이 지나고 초록 잎새들
아기의 작은 손톱만큼 밀고 올라온다
모란의 눈 빨갛게 부풀고
홍매화도 속살을 드러낸다

공원의 새떼들 날갯짓하며 하늘로 솟는다
우르르 몰려다니며
지지배배 시간 여행을 한다
더러는 논밭 위에서 신나게 난다

들녘에 부는 촉촉한 바람
흔들리는 땅의 기운 들쑤신다
나무들 두꺼운 옷 벗고
시원한 봄맞이 준비를 한다

봄 까치꽃, 풍년화, 영춘화
환한 얼굴로 봄이 왔다고
눈 찡긋한다 웃음 가득한 얼굴로
그녀들 팔다리도 봄빛 맞아 춤춘다

봄, 꽃다운 꽃들

마음속 설레는 얼굴, 그리운 얼굴
얼마나 변했을까 하얀 목련 꽃처럼
봉오리, 봉오리 자꾸만 부풀어 오른다

단발머리 어여쁜 모습들 그립다
그리움 머릿속 가득 빙빙 맴돌아
내딛는 발걸음 더 빨리 재촉한다

고달픈 오늘 하루, 내일로 미루고
옛적 소녀의 마음으로 수다를 떤다
온종일 참새처럼 조잘조잘 거린다

봄나물로 피어나는 연둣빛 봄 향기
가슴 가득 담는다 옛날로 돌아간
잊지 못할 하루, 초록빛 감도는 봄밤

매화꽃에 빠진 날

섬진강 강변 진분홍 매화 꽃잎들
손녀의 얼굴처럼
방글방글 배시시 웃는다
거기 강가에 앉아 바라보는
새하얀 매화 꽃잎들
손녀의 살결처럼 뽀얗다
저 고운 꽃망울들
눈이 부시도록 보고 온 날
꽃바람에 마음 설레는지
눈물이 맺히기까지 한다
가슴속까지 파고드는
저 연초록 꽃송이들이라니
나는 지금 어느 꽃으로
피고 있는 걸까 지고 있는 걸까

문학산 둘레길

문학산 둘레길 숲 그늘 속
진분홍 꽃무더기 꽃망울 벙그니

능선 길 옆에 앉아 있는 달팽이
놀라 몸을 움츠리고 있네

태양이 기지개를 켜니
꽃구름 하늘가에 촘촘 꽃수를 놓네

오솔길 따라 소나무 숲에 이르면
몸이 나비처럼 훨훨 나네

돌기둥에 기대어 살포시 몸 풀고
산을 물들인 초록잎 향기 마셔보네

* 문학산 : 인천에 있는 산. 둘레길이 있음.

산사

소나무 길을 따라 걷다 보니
누군가의 간절함을 담은
돌탑들 우뚝우뚝 솟아 있다

홍살문 사이로 스님의 목탁소리
애절하게 울러 퍼지는 산사
재잘대는 새소리,
풍경소리까지 고즈넉하다

콧등으로 향 내음이 번져오는 산사
실타래같이 뒤얽힌 인연들
하나씩 풀어가며
꽃향기 속에 앉아 가부좌 튼다

영혼의 울림, 눈물로 감사하여
법당 문 나오는 보살님
오늘따라 유독 편안해 보인다

윤아, 어여쁜 꽃

어쩌다가 저 어여쁜 꽃
내 가슴에 와 안길까
이 세상에 하나뿐인 작은 꽃

사십 년 전 아들을 낳던 때
생각난다 까르르
하얀 눈빛 뽀송뽀송한 꽃
손녀와 마주하게 되니

고운 피부 결로 피는 어여쁜 꽃
할머니 품에 덥석 안겨
이 세상의 어느 향기보다 순수한 꽃

이렇게 예쁘기만 한 어린 꽃
누구보다 소중한 작은 꽃
이 세상의 커다란 사랑꽃이어라

* 윤아: 손녀 이름.

제3부
석모도

산골 마을 사람들

아침부터 희뿌연 연기가 일더니 소나무 산골 마을을 온통 빨간 불빛으로 휘감았다

이내 이 숲속 초가집에는 어둠이 내려앉았고, 추위와 배고픔에 지친 사람들 모두 아픈 상처를 토해내기 시작했다

산골 마을 수많은 사람들 죄다 검게 타버린 살림살이로 하여 허리띠를 졸라매지 않을 수 없었다

그해 겨우내 마을의 생명들 가련한 몸짓으로 살얼음을 밟고 세상 밖을 휘저어 가야 했다

능소화

해마다 그 자리에서 피어나네
가슴속 그리움
주홍빛 꽃잎으로 젖어 있네
사대부집 담장 너머 얼굴 내밀며
능소화 꽃송이 달빛을 삼키네
주홍빛 꽃송이 만발해
몸 비틀며 자태를 뽐내네
꽃송이 몽글몽글 피어나
홍조 띤 낯빛 빛내며
여름날을 연주하고 있는 능소화
오늘 밤도 아리따운 그녀
밝은 달빛 아래 꽃등 불 밝히며
두 가슴 활짝활짝 열고 있네

석류

가을볕 해살해살 내리쬐는 날
내 손길 따라 그대 가슴 붉게 익었네

그대 속마음 드러내진 못했지만
갈바람에 활짝 터지고 싶었겠지

얼마나 가슴 조이며 힘들었을까
저고리 홀라당 벗어던지고 싶었겠지

내 입술 끝내 그대에게 뺏기고 말았네
그걸 두고 사랑이라곤 말 못하겠네

연꽃

뙤약볕 쏟아지는 7월의 어느 날
진흙 속에서 곱게 자란
핑크빛 진한 홍련꽃들
빨간 등불처럼 피어나네
새하얀 왜가리 날아와
무희가 춤추듯 연못을 도네
놀란 홍련꽃들 눈을 휘둥그레 뜨고
이 모습 한참 바라보네
왜가리가 멀리 날아가기를
기다리고 있는 홍련꽃들
느닷없는 소낙비를 맞으면서도
고고한 자태를 뽐내고 있네
촉촉이 젖은 저 홍련꽃들
답답한 가슴, 생수를 마신 듯싶네

동해바다

지난겨울 가슴이 흔들릴 때였다
그곳의 파도가 철썩철썩 나를 때렸다
길게길게 펼쳐져 있는 바다
고운 모래사장도
새하얀 거품에 부서졌다
해변의 숲은 병풍처럼 둘러져 있었고
촬영지, 그곳에 서면 나도 배우가 되었다
내 머리 위에서는
갈매기 떼들이 자꾸만 휘감아 날았다
바다는 그리움에
거듭 거품을 쏟아냈다
이내 내 입가에서도
하얀 거품이 묻어났다 그때부터
내 가슴은 차츰 제자리를 찾아갔다

석모도

바닷가 저쪽 하늘 밑, 작은 섬 하나 있다
숲과 갯마을 어우러져 있는 섬 하나
거기 뻘밭 끝에서 노을이 지는 곳
지난해 잠깐 머물다 간 해수욕장도 있다
만조 때가 되면 고등어, 서대, 가자미를 잡는
어선이 드나드는 어항도 있다
여기저기 통나무에 새겨져 있는 '횟집' 문구
햇살에 바래 희미하게 사라져 가고 있다
마을 사람들 섬을 끌어안고 한숨을 쉬는데
어항에는 갓 잡은 고등어, 서대, 가자미
햇빛에 반짝반짝 빛나고 있다
근처 식당에서는 남의 살을 태우는 냄새
여행 온 사람들 자꾸만 코를 비틀게 한다
바다의 풍광 아주 빼어난 이곳 석모도
눈썹 바위에 새겨져 있는 마애불상
그 자리에 서서 나를 떠나지 못하게 한다

꽃무릇

그대 한 번도 만나지 못해
내 가슴 뭉그러지네
어느 날 꿈속에서라도
만날 수 있을까 나 눈멀어도
그대 볼 수만 있다면
붉은 꽃송이 다 접어두고
떠날 수 있을까
비 내려 꽃잎 다 떨어져도
그 자리를 지키고
나, 우두커니 서 있을까
꽃무릇 꽃피는 날
바람 불어 꽃향기 날아와
몸 흥건히 적시면
마음 다 드리지 못해도 좋을까

봄, 들녘에서

삐쭉이 솟아오른 쑥
향긋한 냄새에 취한다

양지바른 들녘
새들도 모이를 쪼고 있다

쑥은 겨울 찬바람에도
숨죽이며 살았나 보다

곱게 밤이슬 맞더니
봄 햇살 밝아오자
내 얼굴 향해 푸른 향수를 뿜는다

바구니를 들고나가
이 넓은 들판 가득 짊어지고
이슥고, 집으로 돌아온다

가족들과 함께
쑥국을 끓여 먹는다

〉

잔뜩 말린 쑥, 물에 불린 뒤
추석에는 남편과 송편을 빚어야지

그것들, 차례상에 올려야지
아들 며느리도 챙겨줘야지

천리향 꽃잎

몸살을 앓았는지 얼굴 야위고
몸 홀쭉한 아파트 베란다의 천리향
영양이 부족한 것 같았네
이파리 닦아주고 물을 주었네
정성을 쏟았네 사랑을 주었네
이윽고 피어난 천리향 꽃잎
싱그럽게 활짝 웃고 있네
창밖에는 진눈깨비 흩날리는데
베란다의 천리향, 고운 꽃잎 피워내네
마침내 꽃망울 모두 터뜨리네
거실에 앉아 통유리 밖 바라보네
하얀 눈발 춤추며 나뭇가지 흔드네
추운 겨울인데도 마음 설레네

세월

가는 세월 붙잡으려 애를 써도
바람처럼 사라져가는
인연들이라니
저것들 내 힘으로는
막을 수 없네
흩뿌려진 삶의 향기
곱게 익어가며
아련한 추억과 향수를 불러 모으네
오고 가는 말들
분주히 머리 위를
쳇바퀴처럼 빙빙 맴도네
짧은 오늘 하루
사르르 녹아내릴 때
지나가는 경적만 나를 깨우네

산수유 마을

연둣빛으로 새로운 계절을 연 봄
싱그러운 초록의 빛깔로
온갖 꽃들 피워 낸다
산수유 마을, 언덕마다 햇살 한창이다
노란 꽃들 파도처럼 출렁인다
고즈넉한 돌담길도 샛노랗게 물들인다
저 빛나는 시절의 봄빛
지나간 시간 속에는 누구에게나 있다
그것을 기억하며 평생을 산다
봄 햇살 환하자 누렁이도 반석 위 드러누워
하늘을 향해 배꼽 자랑을 한다
눈이 가물가물한 누렁이
춘곤증을 이기지 못하는지
두 팔 두 다리 다 벌리고 낮잠을 잔다
산수유 마을 흘러가는 시냇물 소리
촐랑촐랑 봄 멜로디 만든다
저 봄꽃들, 햇살에 샛노랗게 부서져 내린다

담쟁이

어느 누구도 손짓하지 않는데
담장을 타고 오르는 저 담쟁이

담장 가까이 온몸을 붙이고
이파리를 키워내
제 사는 곳 붉게 만드는 담쟁이

담장 끝까지 기어오른 뒤
가을의 끝자락에 이르러
세상의 불빛 온통 다 휘어 감는구나

귀뚜라미 울음소리들 들으며
엉금엉금 담장을 넘어가는 담쟁이

망초꽃

저물녘 언덕, 빼곡히 둘러앉아
한들한들 춤추고 있다
계란프라이 같은 꽃
시골 마을 달빛 밟으며
마실 다닐 때
잡초라고 무시했던 적 있다
지금은 망초꽃 사랑
깊이 빠져 있지만
꽃잎을 따 햇볕에 말리면
은은한 차로 마실 수도 있다
다관의 망초꽃 차 향기
오늘도 거실에 가득하거니

꽃물 들이다

빨갛게 타오르는 샐비어 꽃들
힘겨워도 온몸으로 버티며
올해 여름에도 제 몸, 재로 만들고 있다

제 몸 불꽃으로 태우고 있는 샐비어 꽃들
망울망울 쓸쓸하던 제 얼굴
이웃고 흙 속에 파묻기도 한다

붉은 꽃망울 빛내며 꽃대 밀어 올리던 그녀
대지를 통째로 삼켜 버릴 듯하더니
점차 흙이 되어가고 있다

높은 하늘 다 씹어 먹을 듯
열정을 토해내던 저 샐비어 꽃들이라니
그 모습들 너무 안쓰럽다

청산도의 봄

들판의 계단식 다랑이 논에는
눈부시게 빛나는 노란 유채꽃
봄바람에 한들한들 제 몸 흔든다

유채꽃밭 이랑 이랑들 사이
아이가 엄마의 손잡고는
촐랑촐랑 따라 걸어가고 있다

유채꽃밭 바다를 휘감아 돌고
멀리서 은은한 향기 밀려오는데
찾아온 벌들, 나비들, 새들

살포시 사랑 노래 부르고 있다
연인을 반기는 가벼운 사랑처럼
그것들 꽃대 위, 꽃망울로 앉아

소나기

하늘에 칠한 먹물 같은 구름 몰려온다
뜨거운 바람 나뭇가지를 찔러
후다닥 소나기 빗방울 떨어진다

발자국 길게 끌며 허리 굽은 노인
도롯가 느릿느릿 걸어가고 있다
세월을 비껴가는 산과 들 위로
질퍽한 눈물처럼 소나기 쏟아진다

흔들흔들 지팡이를 땅바닥에 짚고
질주하는 차들을 피해 그 노인
도로 위 어딘가를 향해 가고 있다
신호등 끝으로 빗방울 반짝 빛나는데

빗물 속 저 멀리 사라져가는 노인
삶의 누추함을 씻어주는 저 소나기
마음의 번뇌까지 씻어줄 수 있을까

제4부
어느 해 봄날

땅끝에서 온 선물

우리 오빠 퇴임해 올케언니와 터를 잡은 땅끝 마을, 작은 텃밭 일구어 고추, 쑥갓, 호박 싹을 틔운다 따뜻한 햇살 아래 온갖 이파리들 터지는 소리 환하다

싱그러운 텃밭의 생명들, 옹기종기 틔워 올리는 잎사귀들, 둘러앉아 소근대며 살포시 얼굴을 내민다 어느새 손녀 주먹만 하게 호박이 열매를 맺는다

이윽고, 다 자란 호박 둥근 달처럼 텃밭을 가득 채운다 차츰 황금빛 물들어 익어가고…… 그것들 즙으로 만들어 올케언니가 내게 보내준다

그 선물 하룻밤 자동차에서 잠을 자고 택배로 도착한다 박스를 열어보니 사랑이 주렁주렁 오순도순 앉아 있다 달콤한 향기가 온 거실에 퍼지는데

유리잔 은은하게 남편과 함께 호박즙을 마시며 엄마처럼 챙겨주는 올케언니를 그리워한다 내게는 언제나 버팀목 되어주고 있는 올케언니

소래포구 어시장

해 뜰 무렵 먼바다로 떠났던 어선들
생선을 가득 싣고 물살 가르며
성큼성큼 부둣가로 들어오고 있다

푸른 바다를 동행하며
갑판 위 추위를 견디던 갈매기들
환한 미소를 지으며
반갑게 인사를 주고받는다

바구니마다 살아 있는 생선들
꽃게, 오징어, 주꾸미, 갈치 파닥거린다

배가 들어오는 시간
어시장에 들어가면
싱싱한 생선을 저렴한 가격으로 살 수 있다

김장철 맞춰 어시장 가면
더욱 싱싱한 생새우와 젓갈 싸게 살 수 있다
〉

그만큼 북적거리는 어시장 여기저기
끈으로 묶인 명태, 양미리
주렁주렁 가게마다 매달려 있다

겨울 강

강물은 얼어도 소리를 내지 않는다
언 강물 위로 오리들 줄줄이 걸어간다
매서운 바람 휩쓸고 지나가는데

먹이를 찾아 나선 오리 떼들
깃털 부풀리는 햇살을 찾아 헤맨다
움츠린 날개깃 가득 한기를 느끼며

겨울나기는 저들도 사람처럼 힘들다
언 강의 추위가 맹위를 떨치는데
오리들 울음소리 하늘에 닿는다

강물 속 마음껏 헤엄치며 놀고 있는
오리들의 모습 보고 싶다
봄 햇살에 겨울 강 다 녹아버린 날

바다가 보이는 집

파란 바다가 보이는 집으로 이사했다
겹겹이 올라가는 지붕 위 저 넓은 바다,
나보다 먼저 옹기종기 이사와 살고 있었다
작은 베란다의 창문을 열면
바다가 먼저 일어나 세수를 하고
내게 눈 맞추었다 날마다 나는
바다를 바라보며 바다와 함께 살았다
아침 식탁에 붉은 해를 얹어놓은 뒤
무의도, 덕적도, 석모도, 영종도 섬들
불러 모으며 남편을 깨웠다
나보다 더 큰 집에서 사는 바다
거센 비바람 몰아치면 온종일 앓기도 했다
더러는 바다를 껴안아 주기도 하는
섬들 위의 하늘가 비행기 수시로 나타나
포말을 일으키며 날기도 했다
저 섬들, 바다에 떠 있는 배 같기도 했다
바다는 변하지 않는데 내 작은 보금자리인
집들은 하나둘씩 쌓여 자꾸 높아만 갔다

산책길에서

불어오는 차가운 바람에 귓볼이 시리다
송도 하천 길을 따라 걷다가
물 위로 낮달이 흘러가는 것 본다
행인들의 모습이 보이기도 한다
달그림자 아래 찬란하던 꿈들 돌아보기도 하고
붉은 나뭇가지 위에 피어 있는
꽃봉오리들 살며시 만져 보기도 한다
너무도 매서운 서북풍, 아직도 차갑다
서성거리며 물가를 떠나지 않는 사람들
흐르는 물가 말없이 바라본다
햇살을 모아 따뜻한 온기를 지피려는
내 언어의 몸짓들 어제로 돌아가고 있다
진눈깨비가 흩날려 어깨가 시리다
분주하던 도심의 거리, 침묵만 남아 있다
물가에 움츠리고 앉아 아픈 상처들
애써 보듬어 보고 껴안아 본다
물 위의 달처럼 멀어져가는 아픈 상처들

수몰지구에서

담벼락 그늘 아래에서 피고 있던
노란 콩꽃들 다 어디로 갔나
힘이 버거운 나뭇잎들만
바람을 따라 맴돌며 서성인다

물푸레나무 이끼 가득 끼는데
긴 돌다리는 어디쯤 있는가
내 유년, 곡조 잃은 비바람 소리로 남아
가슴 조이며 울고 있다

기다려도 돌아오지 못하는 강가
아득한 기억 사이로
붉은 태양만 물구나무를 서며
수많은 그림자 발자국 남기고 있다

둘레길을 걸으며

하늘빛 푸르다 햇볕 투명하다
둘레길 자박자박 걸어본다

나뭇잎들 가을 옷 갈아입는다
아직 떠나지 못한 여름 꽃잎
둘레길마다 앙증맞게 남아 있다

산새들 재잘거려 나뭇잎들 흔들린다
흔들리는 소리, 반갑다고 인사한다

멍청히 쉼터 벤치에 앉아
올려다보는 초가을 하늘 환하다

가까운 산의 고목들 늙어가는 만큼
우리들 인생도 저물어 간다
가을은 그냥 그 자리에 남아 있는데

꽃밭에 앉아

빨간 꽃이 밝은 미소를 짓고 있다
꽃향기가 그윽하게 옷자락에 스며든다
나도 꽃처럼 예쁘게 빛날 수 있을까

가슴속 미움 토하고 싶을 때마다
꽃밭에 앉는다 그래도 슬픔 자꾸 밀려온다

꽃향기로 가슴속 미움 천천히 녹여본다
슬픔까지 닦아낼 수 있으면 얼마나 좋을까
오늘도 그저 꽃잎들이나 어루만져 본다

갯벌 속 생명들

서해 바닷가 넓은 갯벌 위
아득하게 수평선 펼쳐져 있다
갯벌의 뚫린 구멍 속에 사는 생물들
새우, 게, 쏙, 모시조개
바닷물로 매끄럽게 샤워하고는 머리를 내민다
그것들 봄 햇살 받아 반짝반짝 빛난다
갯벌 가족들 그렇게 모여앉아 웃고 있다
갯벌의 구멍 속 생명들
살아 꿈틀대는 모습 발랄하다
그것들 하나라도 바구니에 담아볼까
사람들의 손길 분주하게 움직인다
그동안 머리를 짓누르던 아픔들
이 갯벌에 다 묻어두어 좋다
모처럼 평온한 시간, 엄마의 품처럼 황홀하다
소나무 숲에서 바람 불어온다
부드럽게 감싸주는 바람의 머리카락
갈매기도 큰소리로 웃으며 날고 있다

봄날은 간다

봄비를 맞은 오월 들판의 청보리들
초록 물감을 뒤집어썼나 보다
봄볕이 나자 머리카락 살랑살랑 흔든다
꽃보다 눈부신 들녘
청보리들 그렇게 푸른 파도를 치며 넘실댄다
유년 시절 보리를 구워 먹던 추억
꽃바람을 타고 되살아난다
오빠들은 보리피리 불며
숨소리, 허공을 향해 흩날렸지
살며시 숨죽이던 종달새
사람들 발자국 소리에 놀라
날갯짓하며 날기도 했고
끝내는 하늘 향해 날아오르기도 했지만
꽃바람 불어 자꾸 청보리 일렁인다
파란 바다 위 지평선 물결치듯 너울너울 춤춘다

어머니 사랑, 꽃향기

이른 아침 베란다 창문을 연다
군자란 꽃, 활짝 핀 모습으로 웃고 있다
지난밤 꽃대를 밀어 올리더니

어느새 10년의 세월이 흘렀다
어머니 살아계실 때
자주 군자란 꽃 분갈이하셨지

봄은 기다리지 않아도 찾아오는데
순천만 양지바른 산에 잠드신 어머니
봄이 깊어도 찾아오지 않는구나

철쭉꽃 화들짝 피어 있는 산에서
어머니는 우리 집 베란다에서 웃고 있는
군자란 꽃 지켜보고 계실까

군자란 꽃봉오리 벙글 때마다
어머니 모습 얼핏얼핏 떠오른다

뒷동산 진달래꽃

종달새 지저귀던 내 고향 뒷동산
나뭇가지마다 흐드러지게 피던 진달래꽃

동무들 따라 산에 오르기라도 하면
진달래 꽃잎 따 입에 가득 물고는 했네

서로 마주 보며 깔깔거리던 진달래꽃
서로 손잡고 부르던 사랑의 노래 부르곤 했네

동무들과 어울려 누비곤 하던
거기 진달래꽃 터널 속 밝고 환했네

올해도 어김없이 내 고향 뒷동산
솔가지 아래 진달래꽃 만발하게 피어 있겠지

해마다 진달래꽃 피고 지곤 하는 사이
가슴 한구석 저물어가는 고향 친구들

가을 연가

아침 이슬 위 물안개 피어오른 남이섬
하늘을 찌를 듯하던 나무들
가을 옷으로 갈아입고 있다

연인들 손잡고 걷는 모습
영화 〈가을 동화〉에 나오는 영상 같다
마음속에 추억 하나 담아본다

떨어지는 낙엽들 밟으며
이곳저곳 눈길을 두고 천천히 걷는다
복잡한 마음 차츰 사라진다

벤치에 앉아 나뭇잎들 바라본다
그것들 새색시 적 한복 치마처럼 곱다
바람만 스쳐도 심장이 뛴다

코 안으로 스며드는 피톤치드,
자연은 비타민 같고 샘물 같다
켜켜이 쌓인 모든 피로 씻어준다

태풍 북상

동해안 동남부 바다를 따라 길게 뭍으로 이어지는 곳, 사람들 옹기종기 모여 있다 양동이로 퍼붓는 비를 맞아 그곳 사람들 독안에 든 새처럼 젖어 있다

올여름에도 늦은 장마로 세찬 비 난리를 겪고 있는 사람들, 그들의 눈물이 내 눈시울 가득 채우고 있다 하룻밤 사이 생사生死를 오가며 벽을 부둥켜안고 생존의 시간을 보내는 사람들

오래도록 풍년을 손꼽아 기다렸는데 들판의 배추, 가지, 오이 빗물에 흐느적대고 있다 가족의 목숨 순간에 잃어버리고 발이 묶인 소년 하나 멍하니 하늘을 바라보고 있다

수확을 코앞에 둔 명절 무렵 이 무슨 난리인가 거듭되는 태풍 소식에 사람들 하나 둘 지하로 내려가고 있다 지하에서 들려오는 저 고음의 아우성이라니

신기시장에서

태양이 기지개를 켜면 이른 새벽부터 시장 사람들 부지런한 몸짓으로 하루의 장사를 준비한다

공판장에서 새로운 물건들 들어와 이 보따리 저 보따리 풀어놓으며 손님들에게 팔 물건 좌판 위에 진열한다

생선 가게의 생선들 얼음 위에서 둥그렇게 눈을 뜨고 가지런히 누워 있다 행인들 발걸음 옮길 때마다 생선도 따라간다

소박한 꿈들이 모여 함께 살아가는 서민들의 터전, 신기시장에는 매일 분주하게 움직이는 사람들이 있다

한자리를 이십여 동안이나 지키며 바구니 가득 나물을 올려놓는 사람들, 색깔이 다른 야채들도 거기 매끄럽게 앉아 있다

한겨울에도 얼굴에는 화사한 빛 들꽃처럼 피어난다 그 사람들 매서운 추위에 쫓겨 화톳불 가 옹기종기 모여앉아

시린 손 호호 불기도 한다

* 신기시장: 인천 미추홀구에 있는 전통 시장, 120년의 역사를 자랑한다. 공식으로 개장된 것은 1970년이다. 50년 넘게 서민들이 드나들고 있다.

유림 일기

배움의 길은 무한 도전이다 때때로 익히면 기쁘지 않겠는가 논어論語의 구절들 반복해 읽으며 유생의 길을 꿈꾼다

감히 따라갈 수 없는 길이지만 나도 들러리처럼 끼어 앉는다 그들 틈에 끼어 앉아 한 자라도 배우고 싶은 것이다

얼굴빛 곱디고운 고희古稀의 젊은 유생들, 빼곡히 자리를 잡고 앉아 사서四書의 구절구절 눈빛 휘두른다

배움은 시간을 그릇에 가득 채울 때 보물寶物을 만든다 도포자락을 입지는 못했지만 나도 유림학당에서 보물을 배운다

사서四書의 구절구절에서는 지난날의 발자취가 고목나무에 피는 꽃처럼 피어난다 무덤에 갈 때까지 배워야지

유림학당에 다소곳이 앉아 노송의 푸른 우듬지를 생각

한다 노송의 푸른 우듬지처럼 이 자리에 오래도록 머물러야지

* 유림학당: 인천 향교에 소속되어 있는 공부처.

해설

자연의 사물들과 함께하는 즐거움
— 이선순 시집 『모과나무가 있는 풍경』에 대하여

이은봉(시인, 광주대 명예교수, 대전문학관 관장)

1.

한때는 광주에서 살기도 했지만 지금은 인천에서 살고 있는 것이 이선순 시인이다. 그는 광주에서 살던 과거에도 좋았거니와, 인천에 사는 현재에도 좋은 듯싶다. 무엇이 그에게 인천에서 사는 오늘을 좋게 생각하게 했을까. "파란 바다가 보이는 집"에서 사는 것 자체가 인천에서 사는 지금의 그를 긍정적으로 수용하게 하지 않았을까.

그는 "파란 바다가 보이는 집"에서 사는 삶과 관련해 "저 넓은 바다"가 이곳에 "나보다 먼저 옹기종기 이사와 살고 있"다고 표현하고 있다. 지금은 "작은 베란다의 창문을 열면/바다가 먼저 일어나 세수를 하고/내게 눈 맞추"는 집에서 사는 것이 그이다. "바다를 바라보며 바다와 함께 살"고 있는 자신의 삶과 관련해 자신의 시에서 그는 "아침 식탁에 붉은 해를 얹어놓은 뒤/무의도, 덕적도, 석모도, 영종도 섬들/불러 모으며 남편을 깨"(「바다가 보이는 집」)운다고 노래하기까지 한다.

바다는 섬들과 함께 자연을 구성하는 아주 중요한 요소이다. 그렇다. 섬들과 더불어 바다를 포함하는 무수한 사물들로 구성되어 있는 것이 자연이다. 이선순의 시들 역시 이들 자연과 함께하는 무수한 사물들로부터 비롯되고 있다. '자연의 사물들'과 함께하는 즐거움을 포착하는 데 초점이 있는 것이 그의 시집에 실려 있는 시들이라는 것이다.

그의 이번 시집에서 '자연의 사물들'과 함께하지 않는 것은 거의 없다고 해도 과언이 아니다. 나날의 삶과 밀접하게 연결되고 있는 자연의 사물들이야말로 그의 시를 구성하는 핵심소재이고 핵심 내용이다. 그의 시에 대한 이러한 논의는 이 시집에 수록되어 있는 시들의 제목만 보더라도 잘 알 수 있다. 「들꽃」, 「첫눈」, 「천일홍」, 「붉은 단풍 꽃잎」, 「낙화」, 「메밀꽃」, 「동백」, 「민들레꽃」 「벚꽃」, 「봉숭아꽃」 등이 이번 시집에 수록된 그의 시들이기 때문이다. 이처럼 그의 시는 자연의 모든 사물들을 시로 포착하고 있다.

그의 시에 등장하는 이들 자연의 사물은 대부분 의인관적 주체로 존재한다. 의인관적 주체로 존재한다는 것은 자연의 사물들이 그의 시에 사람과 동등하게, 사람과 다름없이 구현되어 있다는 것을 가리킨다. 그의 시의 한 구절인 "가을볕 해살해살 내리쬐는 날/내 손길 따라 그대 가슴 붉게 익었네"(「석류」)라고 하는 표현이 그 구체적인 예이다. 물론 이에서의 자연의 사물들, 곧 석류도 실제로는 사람과 동등하게, 사람과 다름없이 구현되어 있는 구체적인 예라고 할 수 있다. 붉게 익은 석류를 두고 그가 "그대 가슴 붉게 익었네"라고 표현하는 것도 의인관적 주체로 깨어 있는 자연의 사물들을 확인할 수 있는 생생한 예라는 것이다.

이선순의 시에서 자연의 사물들이 의인관적 주체로 깨어 있을 때 드러나게 되는 첫 번째 특징은 그것들이 갖는 변화에 대한 찬탄, 들뜬 마음, 발견의 기쁨 등이다. 이를테면 그의 시에 수용되는 자연의 사물들의 경우 변화하는 그것들에 대해 그가 깨닫는 새로운 마음, 곧 감탄하고 찬탄하는 마음을 바탕으로 하고 있다는 것이다. 다음의 시가 곧바로 이러한 논의를 증험해준다.

뙤약볕 쏟아지는 7월의 어느 날
진흙 속에서 곱게 자란
핑크빛 진한 홍련꽃들

빨간 등불처럼 피어나네
새하얀 왜가리 날아와
무희가 춤추듯 연못을 도네
놀란 홍련꽃들 눈을 휘둥그레 뜨고
이 모습 한참 바라보네
왜가리가 멀리 날아가기를
기다리고 있는 홍련꽃들
느닷없는 소낙비를 맞으면서도
고고한 자태를 뽐내고 있네
촉촉이 젖은 저 홍련꽃들
답답한 가슴, 생수를 마신 듯싶네

—「연꽃」 전문

이 시는 '연못'이라는 자연의 한 사물을 중심소재로 삼고 있다. 좀 더 구체적으로 말하면 "뙤약볕 쏟아지는 7월의 어느 날" 연못의 "진흙 속에서 곱게 자란/핑크빛 진한 홍련꽃들"이 주목되면서 이 시는 첫걸음을 뗀다. 이 시에서 "빨간 등불처럼 피어나"는 "홍련꽃들"은 우선 "새하얀 왜가리 날아와/무희가 춤추듯 연못을 도"는 것을 "눈을 휘둥그레 뜨고" "한참" 동안이나 "바라"본다.

이들 구절에서도 그가 바라보는 자연의 사물들은 무엇보다 의인관적 특징을 담고 있다. 무엇보다 여기서 그가 왜가리를 무희에 비유하고 있고, 홍련꽃들을 "눈을 휘둥그레 뜨고" "한참" 동안이나 "바라보"고 있는 사람으로 비유하고 있기 때문이다. 나아가 이어지는 구절에서는 홍련꽃들이 의인관적 주체로 존재한다. 사람처럼 "왜가리가 멀리 날아가기를/기다리고 있는" 것이, "소낙비를 맞으면서도/고고한 자태를 뽐내고 있"는 것이 "홍련꽃들"이라는 것을 잊어서는 안 된다.

하지만 그는 이 시에서 핵심대상이며 핵심소재인 '홍련꽃들'과 '연못'에 대해 어떤 특별한 상징이나 의미를 부여하지 않는다. 이들 핵심대상 및 핵심소재로부터 그가 지금까지 존재하지 않았던 어떤 새로운 의미를 깨닫고 있지는 못하다는 것이다. 그렇다. 그는 이 시에서 어떤 새로운 의미를 깨닫기보다는 "뙤약볕 쏟아지는 7월의 어느 날" 연못의 "진흙 속에서 곱게 자란/핑크빛 진한 홍련꽃들"로부터 느끼는 들뜬 마음, 발견의 기쁨 등을 노래하고 있을 뿐이다.

이러한 점은 여타의 그의 시에서도 익히 찾아볼 수 있다. 자신의 시 「꽃물 든 길」에서도 그가 "연분홍 꽃잎들/햇살에 자지러지"는, "한들한들 산철쭉 춤추는 꽃길"을 찬탄의 들뜬 마음으로, 대상을 발견하는 기쁜 마음으로 노래하고 있기 때문이다. 자연의 사물들에 대한 그의 이러한 태도는 또 다른 시 「봄, 꽃」에서도 충분히 확인할 수 있다.

봄 햇살 따스하게 쏟아지는 날
뒤뜰에 연둣빛 무더기로 피는
하얀 냉이꽃

해마다 어김없이 제 몫을 다하네
향긋한 향기로 뒤뜰 가득 덮으며
봄 마중 나오네

봄비가 자작자작 내리는 날
빗소리 따라 앞뜰의 냉이꽃
아우성을 치네

누군가에게 몸뚱어리 다 내어주고
스르륵 제 생을 마감하는
저 생명의 꽃잎들이라니

—「봄, 꽃」 전문

이 시는 "봄 햇살 따스하게 쏟아지는 날/뒤뜰에 연둣빛 무더기로 피는/하얀 냉이꽃"을 들뜬 마음으로 발견하는 기쁨을 담고 있다. "해마다 어김없이 제 몫을 다하"는, "향긋한 향기로 뒤뜰 가득 덮으며/봄 마중 나오"는 "하얀 냉이꽃"을 발견하는 기쁨을 형상화하고 있는 것이 이 시라는 것이다. 이 시가 무엇보다 "누군가에게 몸뚱어리 다 내어주고/스르륵 제 생을 마감하는/저 생명의 꽃", "하얀 냉이꽃"에 대한 찬탄을 담아내고 있기 때문이다.

자연의 사물들에 대한 이러한 태도가 노래되어 있는 것은 그의 또 다른 시 「민들레꽃」에서도 마찬가지이다. "누가 불러주지 않아도/올봄에도 어김없이 피어나는/저것들, 저 작은 꽃들"을 발견하는 기쁨과 즐거움을 감추고 있는 것이 이 시라는 것이다. 그가 보기에는 "풀씨로 날아와 길 구석진 자리/철버덕 앉아 꽃 피고 있"는 것이, "바람 불 때마다/노랑, 하양 꽃잎들 일렁이"고 있는 것이 '민들레꽃'이기 때문이다.

이들 시에 드러나 있는 '연꽃', '냉이꽃', '민들레꽃' 등의 소재가 그다지 화려한 자연의 사물들이 아니라는 것은 불문가지이다. 그의 이 시집에 드러나 있는 그밖의 소재인 '들꽃', '첫눈', '천일홍', '붉은 단풍 꽃잎', '낙화', '메밀꽃', '동백', '벚꽃', '봉숭아꽃' 등 역시 보잘것없는 것들, 미미한 것들이기는 마찬가지이다.

물론 이들 사물은 나날의 삶에서 시인 이선순의 눈이 어디를 향하고 있는가를 익히 짐작케 해준다. 여기 말하는 그의 눈이 그의 마음, 곧 측은지심(惻隱之心)을 가리킨다는 것은 덧붙여 설명할 필요가 없다. 그의 시에 함유되어 있는 측은지심 역시 보잘것없는 것들, 미미한 것들에 대한 지향으로 존재하기는 마찬가지라는 것이다.

2.

이선순의 시에서 자연의 사물들은 더러 나날의 생활과 관련해 매우 유용한 것으로 받아들여지기도 한다. 그의 시에 드러나 있는 자연의 사물들이 구체적인 생활의 일부로 기능하고 있어 두루 관심을 끈다는 것이다. 이러한 지적은 그의 시에 수용되는 자연의 사물들이 일상의 생활과 관련되어 각각의 의미를 현현하기도 한다는 것을 가리킨다. 그렇다. 자연의 사물들이 한편으로는 구체적인 생활의 현장과 관련해 시의 대상으로 받아들여지기도 하는 것이 그의 시이다.

이처럼 그는 생활의 현장과 관련되어 있는 사물들로부터 느끼는 감회나 감흥을 시로 드러내기도 한다. 다음 시의 경우에는 "꽃잎을 따 햇볕에 말리면/은은한 차로 마실 수도 있"는 '망초꽃'이 대상으로 받아들여져 있어 더욱 주목된다. 생활 속으로 깊이 들어와 있는 이들 자연의 사물들은 그의 시를 좀 더 생생하고 활기 있게 만들어 한층 관심을 끈다. 다음의 시는 망초꽃이라는 자연의 사물이 일상의 나날에 "은은한 차"로 응용되고 있는 예이다.

저물녘 언덕, 빼곡히 둘러앉아
한들한들 춤추고 있다
계란프라이 같은 꽃

시골 마을 달빛 밟으며
마실 다닐 때
잡초라고 무시했던 적 있다
지금은 망초꽃 사랑
깊이 빠져 있지만
꽃잎을 따 햇볕에 말리면
은은한 차로 마실 수도 있다
다관의 망초꽃 차 향기
오늘도 거실에 가득하거니

—「망초꽃」 전문

이 시의 중심대상은 "저물녘 언덕, 빼곡히 둘러앉아/한들한들 춤추고 있"는 망초꽃이다. 이어지는 구절에서 그는 "시골 마을 달빛 밟으며/마실 다닐 때" 망초꽃을 "잡초라고 무시했던 적 있다"고 고백한다. 하지만 "지금은 망초꽃 사랑/깊이 빠져 있"다고 노래하고 있는 것이 그이다. "꽃잎을 따 햇볕에 말리면/은은한 차로 마실 수도 있"는 것이 망초꽃이기 때문이다. "다관의 망초꽃 차 향기/오늘도 거실에 가득"한 나날을 사는 것이 오늘의 그라는 것을 잊어서는 안 된다.

이처럼 그의 시에는 자연의 사물들이 일상의 삶에 깊숙이 들어와 있는 경우가 적잖다. 자연의 사물들이 생활의 현장과 함께하는 가운데 시의 대상이나 소재로 채택된 경우가 상당하다는 것이다. 그러한 점에서 정작 주목해야 할 것은 「소래포구 어시장」, 「신기시장에서」 「노을」 등의 시에서 확인할 수 있는 시장의 물건들이다. 그곳의 물건들, 특히 생선들 역시 그의 생활과 함께하는 중요한 자연의 사물들이기 때문이다.

자연의 사물들은 본래 주관적인 의식이나 관념으로 존재하기보다는 객관적인 대상이나 물질로 존재하는 경우가 많다. 구체적인 자연의 사물들이 아니라고 하더라도 객관적인 대상이나 물질의 모습을 취하게 되면 그것들은 기본적으로 이미지의 형태를 취하기 마련이다. 물론 시의 대상이 이미지의 형태를 취하게 되면 그것들은 이내 복수를 이루는 가운데 장면을 만들고, 풍경을 만들게 마련이다. 다음의 시 역시 마음속에 풍경이 만드는 동영상을 품고 있는 그의 시이다.

해 뜰 무렵 먼바다로 떠났던 어선들
생선을 가득 싣고 물살 가르며
성큼성큼 부둣가로 들어오고 있다

푸른 바다를 동행하며
갑판 위 추위를 견디던 갈매기들
환한 미소를 지으며
반갑게 인사를 주고받는다

바구니마다 살아 있는 생선들
꽃게, 오징어, 주꾸미, 갈치 파닥거린다

배가 들어오는 시간
어시장에 들어가면
싱싱한 생선을 저렴한 가격으로 살 수 있다

김장철 맞춰 어시장 가면
더욱 싱싱한 생새우와 젓갈 싸게 살 수 있다

그만큼 북적거리는 어시장 여기저기
끈으로 묶인 명태, 양미리
주렁주렁 가게마다 매달려 있다

—「소래포구 어시장」

이 시에는 먼저 “해 뜰 무렵 먼바다로 떠났던 어선들”이 “생선을 가득 싣고 물살 가르며/성큼성큼 부둣가로 들어오고 있”고 있는 장면부터 그려진다. 그러한 다음에는 “푸른 바다를 동행하며/갑판 위 추위를 견디던 갈매기들”의 풍경이 펼쳐진다. “환한 미소를 지으며/반갑게 인사를 주고받는” “갑판 위 갈매기들”의 형상 말이다.

갈매기들에 이어 이 시의 초점이 되는 것은 “바구니마

다 살아 있는 생선들" 곧 파닥거리는 "꽃게, 오징어, 주꾸미, 갈치" 등이다. 이들이야말로 생활과 깊이 연결되어 있는 자연의 사물들이라고 하지 않을 수 없다. "배가 들어오는 시간/어시장에 들어가면" "저렴한 가격으로 살 수 있"는 싱싱한 생선들이 바로 그것들이다. 시인 이선순의 눈에 따르면 "북적거리는 어시장 여기저기"에는 "끈으로 묶인 명태, 양미리/주렁주렁 가게마다 매달려 있"기까지 하다.

시장이 보여주는 생기 있는 풍경과 함께하는 자연의 사물들은 그의 또 다른 시 「신기시장에서」도 익히 찾아볼 수 있다. 이 시에서도 시장 좌판의 야채며 생선들은 일종의 자연의 사물들로서 나날의 생활과 밀접히 연결되어 있다. 이처럼 그의 시에는 자연의 사물들이 일면 나날의 일상을 깊이 있게 반영하고 있다는 것을 알아야 한다.

3.

이선순의 시에 수용되는 자연의 사물들은 때로 그의 심리적 감흥 혹은 정서적 반응과 함께하고 있어 주목된다. 물론 일상에서 만나는 자연의 사물들에 대해 그가 자신의 시에서 크고 작은 심리적 감흥 혹은 정서적 반응을 보여주는 것은 충분히 있을 수 있는 일이다. 일상의 삶에서 아름답고 예쁜 자연의 사물들에 대해 심리적 감흥 혹은 정서적 반응을 보여주는 것은 누구나 겪는 보편적인 체험이기 때문이다. 이를테면 그는 자신의 시에서 “꽃잎 가지에 가을비 방울방울 맺힌다/어쩌면 너의 모습 이처럼 사랑스러울까” 하는 심리적 감흥 혹은 정서적 반응을 보여주기도 한다는 것이다. “형형색색 너울너울 흔들리는 몸짓/고운 손길로 만져보는 향기”(「천일홍」) 등의 구절에 드러나 있는 심리적 감흥 혹은 정서적 반응도 당연히 마찬가지이다.

> 겨울밤 싸라기 같은 첫눈이 흩날린다
> 창밖의 가로등 불빛은 하얗게 쌓인 눈을 비추는데
> 이리저리 뒤척이며 쉽게 잠들지 못한다
>
> 누구를 기다리지 않는 데도
> 겨울밤을 흐르는 시간이 작은 여백을 만든다
>
> 여백은 멍하니 불러보는 사람일는지도 모른다
> 하얀 눈이 내릴 때면 귓가에 빈 하늘만이 맴돈다
>
> —「첫눈」 전문

이 시는 “싸라기 같은 첫눈이 흩날”리는 “겨울밤”, “창밖의 가로등 불빛은 하얗게 쌓인 눈을 비추는데/이리저리 뒤척이며 쉽게 잠들지 못"하는 시인의 마음을 보여준다. "싸라기 같은 첫눈", "하얗게 쌓인 눈을 비추"는 "창밖의 가로등 불빛" 등 자연의 사물들, 그러니까 객관적 자연물에 대한 정서적 반응을 담고 있는 것이 이 시라는 것을 잊어서는 안 된다. 그렇다. 그는 지금 "누구를 기다리지 않는 데도/겨울밤을 흐르는 시간이 작은 여백을 만"들고 있는 것을 시의 언어로 포착하고 있다. 마침내 시인은 좀 더 적극적인 의미를 부여하여 이때의 "여백은 멍하니 불러보는 사람일는지도 모른다"고 상상한다. "하얀 눈이 내릴 때면 귓가에 빈 하늘만이 맴"도는 것을 서정적으로 지각하는 것이 그라는 것을 기억해야 한다.

이처럼 자연의 사물들로부터 비롯되는 시인 이선순의 크고 작은 심리적 감흥 혹은 정서적 반응 역시 그의 시의 중요한 특징을 이루고 있다. 또 다른 시에서 그가 "저 산 허리춤에/불씨 하나 지펴 놓고/훨훨 타오르고 있네"(「붉은 단풍 꽃잎」)라고 노래하고 있는 것도 마찬가지의 이유에서라고 할 수 있다. 다음의 시에서는 그가 벚꽃잎으로부터 "손녀의 얼굴"이며 "입"을 떠올리는 등의 심리적 감흥, 곧 정서적 반응을 드러내고 있어 더욱 관심을 끈다.

화사한 봄 햇살을 따라
하얗게 피어나는 꽃잎

손녀의 얼굴처럼, 입처럼
여기저기 까르르 웃고 있네

벚꽃 잎들이 웃는 소리
온 세상에 터져 나오네

꽃잎에 걸터앉은 벌, 나비
소근대며 꽃망울 물어뜯네

—「벚꽃」 전문

이 시의 중심대상은 "화사한 봄 햇살을 따라/하얗게 피어나는 꽃잎", 곧 벚꽃잎이다. 하지만 정작은 "벚꽃잎"으로부터 떠올리는 "손녀의 얼굴"이며 "입"이 중심대상인지도 모른다. "화사한 봄 햇살을 따라/하얗게 피어나는 꽃잎"으로부터 무엇보다 그가 "손녀의 얼굴"이며 "입"을 떠올리고 있기 때문이다. 물론 "까르르 웃고 있"는 벚꽃잎으로부터 "까르르 웃고 있"는 손녀의 얼굴이며 입을 떠올리는 일은 아름다운 일이다.

"어여쁜 꽃"에서 어여쁜 손녀를 떠올리는 일은 그의 다른 시 「윤아, 어여쁜 꽃」에서도 확인된다. 이 시에서 그는 어린 손녀 윤아를 두고 "어쩌다가 저 어여쁜 꽃/내 가슴에 와 안길까/이 세상에 하나뿐인 작은 꽃"이라고 노래한다. 그에게는 "고운 피부 결로 피는 어여쁜 꽃/할머니 품에 덥석 안겨/이 세상의 어느 향기보다 순수한 꽃"이 어린 손녀 '윤아'이다.

다른 시에서는 "양파망 안"의 배추들을 꺼내 "배추들의 밑동"을 잘라내며 "아들 며느리"를 떠올리기도 하는 것이 그이다. 그가 "해마다 어김없이 찾아오는 김장철" "소금물 목욕시"킨 배추들로부터 "아들 며느리"의 모습을 떠올리고 있기 때문이다. 그렇다면 이 또한 자연의 사물들로부터 비롯된 그의 심리적 감흥 혹은 정서적 반응이라고 하지 않을 수 없다. 심지어는 아들 며느리의 "얼굴에 핀 환한 웃음꽃들"이 "온갖 피곤 씻겨준다"(「김장」)고까지 노래하고 있는 것이 그이다.

4.

이들 논의에서도 알 수 있듯이 이선순 시인의 시에 등장하는 자연의 사물들은 곧바로 그 자신의 체험을 반영한다. 체험보다는 상상에 토대를 두고 있는 시라고 하더라도 정작 그것의 근거가 되고, 토대가 되는 것은 체험이라고 하지 않을 수 없다. 이를테면 자신의 시에서 그가 "슬픔처럼 비가 쏟아지는 날/지나온 길 돌아보며/길가의 촉촉이 젖은 꽃잎들 바라본다"(「비 오는 날」)고 노래했을 때 구체화되는 '이미지서사'의 경우 본질적으로 체험을 진술한 것에 지나지 않는다는 애기이다. 그럴 뿐만이 아니라 체험을 진술하는 가운데 생성되는 그의 시의 '이미지 서사'가 자연의 사물들이라고 불릴 수밖에 없는 객관적 대상인 것 또한 사실이다. 물론 이러한 지적은 그의 시가 자연의 사물, 곧 물질을 중심으로 하는 세계관에 바탕하고 있다는 것을 증명해준다.

그의 시에서 이때의 자연의 사물들은 때로 측은지심 혹은 연민의 대상으로 포착되기도 하고, 기억들 혹은 추억들의 대상으로 포착되기도 한다. 「들꽃」, 「동백」, 「산사」 등의 시가 전자의 예라면, 「뒷동산 진달래꽃」, 「어머니 사랑, 꽃향기」, 「봄, 꽃다운 꽃들」 등의 시는 후자의 예이다. 전자의 시는 지금 당장 그와 함께하는 현재의 자연의 사물들에 대한 정서적 반응을 담고 있고, 후자의 시는 과거 한때 그가 만났던 자연의 사물들에 대한 정서적 반응을 담고 있다.

그의 시는 다른 한편으로 산책 혹은 여행의 과정에 만나는 자연의 사물들, 나아가 그때그때의 체험을 형상화하기도 한다. 산책 혹은 여행 중에 만나는 자연의 사물들, 나아가 그때그때의 체험은 기본적으로 들뜬 마음, 곧 약간의 흥분과 함께하고 있어 더욱 주목된다.

산책길에 만나는 사물, 곧 물질, 나아가 그때그때의 체험을 들뜬 마음으로, 약간의 흥분과 함께 노래하고 있는 시로는 「산책길에서」, 「둘레길을 걸으며」, 「문학산 둘레길」 등을 예로 들 수 있다. “하늘빛 푸르”고, “햇볕 투명” 한 날, “둘레길을 따라 자박자박 걸어”(「둘레길을 걸으며」)가며 느끼는 정서적 소회를 담고 있는 것이 이들 시이다.

그의 이번 시집 중에는 여행길에 만나는 자연의 사물들, 나아가 그때그때의 체험을 다루고 있는 시도 상당하다. 지금 그가 살고 있는 인천을 떠나 전국의 산야를 돌아보며 쓴 시들이 바로 그것인데, 「동해바다」, 「석모도」, 「산수유 마을」, 「청산도의 봄」, 「가을 연가」, 「갯벌 속 생명들」 등이 그 예이다.

자신의 시에 따르면 “봉평 산허리에 애잔하게 핀 메밀꽃들”(「메밀꽃」)을 보러 가기도 하고, “섬진강 강변”으로 “진분홍 매화 꽃잎들”(「매화꽃에 빠진 날」)을 보러 가기도 하는 것이 그이다. 여행의 과정에 만나는 자연의 사물들, 나아가 그때그때의 체험 역시 그의 시의 중요한 소재가 되고 있다는 것이다.

지금까지 논의한 시들 역시 그의 시 세계를 이루는 중요한 증거들이라고 해야 마땅하다. 하지만 정작 중요하게 살펴보아야 할 시는 자연의 사물들을 매개로 사람살이의 순환원리를 깨닫고 있는 「모과나무가 있는 풍경」, 「해바라기」 등의 시이다. 그중에서도 땅에 떨어지는 모과이파리들과 모과 알들을 통해 생노병사의(生老病死)의 순환원리를 깨닫고 있는 시 「모과나무가 있는 풍경」은 많은 생각을 갖게 해준다. 이 시의 전문을 함께 읽으며 아쉽지만 여기서 글을 매조지한다.

검붉은 이파리들 다 떨구고
모과나무 줄기마다
주렁주렁 매달려 있는 모과 알들
샛노란 등불 밝히고 있다
불빛 반짝이며
저 샛노란 모과 알들
지금 무엇을 향해
모과나무 줄기를 떠나고 있는 걸까
겨울 향해 떠나는 저 모과 알들
제 몸의 샛노란 등불 들고
검붉은 이파리들
찾아가고 있는 걸까
저도 차츰 흙이 되어가고 있는 걸까
되묻는 마음이 아리다

—「모과나무가 있는 풍경」 전문